**선생님,
유전자를 조작해도
되나요?**

**선생님, 유전자를 조작해도 되나요?**
제1판 제1쇄 발행일 2025년 10월 3일

기획 | 책도둑(김민호, 박정훈, 박정식)
글 | 이상수
그림 | 이창우
디자인 | 이안디자인
펴낸이 | 김은지
펴낸곳 | 철수와영희
주소 | 서울시 마포구 월드컵로 65, 302호(망원동, 양경회관)
전화 | 02-332-0815
전송 | 02-6003-1958
전자우편 | chulsu815@hanmail.net
등록 | 제319-2005-42호
ISBN 979-11-7153-035-9  73470

ⓒ 이상수, 이창우 2025

* 이 책에 실린 내용 일부나 전부를 다른 곳에 쓰려면 반드시 저작권자와 철수와영희 모두한테서 동의를 받아야 합니다.
* 잘못된 책은 출판사나 처음 산 곳에서 바꾸어 줍니다.
* 철수와영희 출판사는 '어린이' 철수와 영희, '어른' 철수와 영희에게 도움 되는 책을 펴내기 위해 노력합니다.

**어린이제품 안전특별법에 의한 기타 표시사항**
**제품명** 도서 | **제조자명** 철수와영희 | **제조국명** 한국 | **전화번호** (02)332-0815 | **제조연월** 2025년 10월 | **사용연령** 8세 이상
**주소** 04018 서울시 마포구 월드컵로 65, 302호(망원동, 양경회관)
**주의사항** 종이에 베이거나 긁히지 않도록 조심하세요. 책 모서리가 날카로우니 던지거나 떨어뜨리지 마세요.

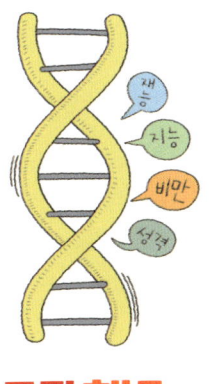

# 선생님,
# 유전자를 조작해도 되나요?

글 이상수 | 그림 이창우

철수와영희

| 머리말 |

# 유전자 지식을 현명하게 사용해야 해요

"넌 누굴 닮아서 이렇게 잘생겼니?"
"넌 누굴 닮아서 성격이 좋니?"
"넌 누굴 닮아서 공부를 그렇게 잘하니?"

어디선가 들어 본 말이에요. 의외로 많은 사람들이 외모나 성격, 공부 재능은 타고난다고 믿고 있어요. 물론 외모는 유전자의 영향이 강해요. 그러나 성격은 환경의 영향을 많이 받아요. 우리 성격은 유전적으로 타고난 부분에 환경의 영향이 더해져서 완성되는 거예요. 공부 재능 또한 타고날 수 있지만 공부를 잘하는 것은 또 다른 문제예요. 재능도 중요하지만 공부 환경이나 개인의 노력도 중요하거든요.

타고난 유전자는 바꿀 수 없어요. 유전자를 변형시키는 것은 자연 생태계가 하는 일이에요. 적어도 50년 전까지는 그랬어요. 하지만 유전자 가위가 발견된 이후 유전자는 작은 레고 블록이 되었어요. 유전자 가위는 레고 블록을 넣고 빼듯이 유전자를 조작할 수 있어요. 처음에는 박테리아의 유전자를 조작해 당뇨병을 치료하는 인슐린을 생산하는 정도였어요. 최근에는 희귀병이나 암 같은 난치병을 고치는 치료제와 코로나19 백신을 만들 정도로 기술이 발전했어요. 이 기술을 더 발전시키면 외모와 성격, 공부 능력에 연관된 유전자를 편집한 아기를 태어나게 할 수도 있어요. 유전자가 바뀌면 인생도 바뀌어요. 유전자가 잘못되면 아기의 인생은 어떻게 될까요? 우월한 유전자를 갖고 태어난 아이들과 그렇지 않은 아이들이 공정하게 경쟁할 수 있을까요?

 유전자 가위 기술은 자연을 변화시키는 힘을 지니고 있어요. 10여 년 전 기업 실험실에서 유전자가 변형된 모기가 탄생한 뒤 지금까지 10억 마리가 넘는 유전자 변형 모기가 자연 생태계로 들어갔어요. 놀랍게도 유전자 변형 모기의 목적은 동료 모기의 멸종이에요. 임신을 못하게 막는 유전자를 야생의 모기 집단에 퍼뜨리는 거예요. 그런데 임신을 막는 유전자가 다른 곤충으로 퍼져 나가면 어떤 일이 벌어질까요? 자연 생태계가 과연 안전할 수 있을까요? 자연의 일부인 사람은 무사할까요?

 유전 법칙을 처음으로 발견한 그레고어 멘델은 "나의 시대가 곧 오리라"는 말을 남겼어요. 멘델이 어떤 미래를 상상했는지 알 수 없지만 유전자의 시대는 이미 우리 곁에 와 있어요. 지금 우리는 멘델보다 유전자에 대해 더 많이 알게 되었지만 그 지식을 현명하게 사용하고 있는지는 의문이에요.

 유전자를 올바르게 이해하고 현명하게 사용하는 것이 무엇보다 중요한 순간이에요. 이 책을 통해 올바른 유전자 사용법을 알게 되기를 진심으로 바라요.

이상수  드림

| 차례 |

**머리말**
유전자 지식을 현명하게 사용해야 해요 6

# 1
## 유전자가 뭐예요?

1. 유전을 알면 자녀의 얼굴을 알 수 있나요? 14
2. 우성 형질은 좋고 열성 형질은 나쁜가요? 17
3. 멘델은 완두콩 실험으로 무엇을 알아냈나요? 19
4. 유전자가 뭐예요? 22

# 2
## DNA가 뭐예요?

5. DNA는 유전 물질인가요? 26
6. DNA와 유전자는 같은 건가요? 28
7. 돌연변이가 뭐예요? 31
8. DNA로 범인을 잡을 수 있다고요? 33

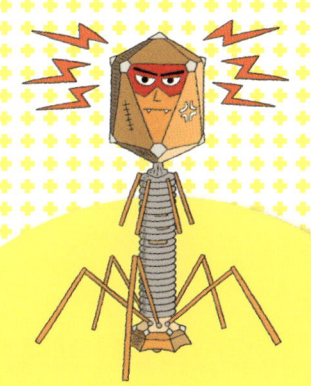

# 3
## 이기적 유전자가 뭐예요?

9. 바이러스가 이기적이라고요? 38
10. 부모님의 사랑이 유전자 때문이라고요? 41
11. 이기적 유전자가 뭐예요? 43
12. 이기적 유전자가 공생을 말한다고요? 46

# 4
## 쓸모없는 유전자는 없다고요?

13. 쓰레기 DNA가 있다고요? **50**
14. 유전자가 뛰어다닌다고요? **53**
15. 체르노빌의 청개구리는 검은색이라고요? **56**
16. 기후 위기 때문에 유전자가 사라진다고요? **59**

# 5
## 유전자가 나의 미래를 보여 줄까요?

17. 비만이 유전자와 관련이 있다고요? **62**
18. 유전자 검사로 질병을 예방할 수 있을까요? **65**
19. 유전자가 나의 미래를 보여 줄까요? **68**
20. 유전체 지도가 보물 지도라고요? **70**

# 6
## 유전자를 조작해도 되나요?

21. 유전자 가위가 뭐예요? **74**
22. 유전자 가위로 모기를 박멸한다고요? **77**
23. 유전자를 짜깁기해서 아기를 만든다고요? **80**
24. 유전자 가위를 어떻게 써야 하나요? **82**

# 1
## 유전자가 뭐예요?

# 1 유전을 알면 자녀의 얼굴을 알 수 있나요?

혹시 여러분의 눈에는 쌍꺼풀이 있나요? 있다면 여러분의 엄마 아빠 중에 적어도 한 분은 쌍꺼풀이 있을 거예요. 만약 엄마는 쌍꺼풀이 있는데 아빠가 없다면 내가 가진 쌍꺼풀은 엄마한테 받은 거예요. 마찬가지로 아빠는 쌍꺼풀이 있는데 엄마가 없다면 이 쌍꺼풀은 아빠 쪽에서 온 거예요.

이렇게 부모의 형질이 자손에게 전해지는 것을 유전이라고 해요. 형질이란 쌍꺼풀, 보조개, 곱슬머리 같이 부모에게서 자손에게 전해지는 특징을 말해요. 형질에는 우성과 열성이 있는데 우성 형질은 열성 형질에 비해서 힘이 세요. 여기서 힘이 세다는 것은 우성 형질과 열성 형질이 같이 있을 때 우성 형질이 나타나고 열성 형질은 밖으로 표현되지 않는다는 의미예요. 예를 들어 쌍꺼풀을 만들지 않는 열성 형질은 쌍꺼풀을 만드는 우성 형질과 함께 있을 때 그 형질이 표현되지 않아요. 그래서 쌍꺼풀이 생기게 돼요.

유전은 부모의 부모, 그 부모의 부모로 길게 이어진 먼 조상으로부터 후손에게 전해지는 거예요. 나의 얼굴이나 외모의 특징도 부

모로부터 유전된 형질이에요. 미래에 만날 여러분의 자손 또한 여러분의 유전 형질을 이어받을 거예요. 그래서 여러분의 자녀가 어떤 얼굴을 하고 있을지 얼추 짐작하는 것은 어렵지 않아요.

여러분이 쌍꺼풀에 보조개, 곱슬머리를 가졌고 여러분의 배우자가 긴 속눈썹에 갈색 눈, 높은 콧대를 가졌다고 해 볼게요. 그럼 여러분의 자녀는 어떤 얼굴을 하고 있을까요? 유전적으로 따져 보면 미래에 만날 여러분의 자녀는 쌍꺼풀이 있을 확률이 높아요. 보조개나 곱슬머리, 긴 속눈썹, 갈색 눈, 높은 콧대도 마찬가지예요. 그건 지금 말한 유전 형질들이 모두 우성이기 때문이에요. 유전을 알면 미래에 만날 자녀의 얼굴을 알 수 있다니 정말 신기하지 않나요?

## 2 우성 형질은 좋고 열성 형질은 나쁜가요?

우성 형질과 열성 형질은 각각 겉으로 드러나는 방식의 차이를 뜻하는 것이에요. 여기에는 높고 낮음도, 좋고 나쁨도 없어요. 우성 형질과 열성 형질이 같이 있을 때, 밖으로 표현되는 것이 우성 형질이고 그렇지 않은 것이 열성 형질이에요. 이때 열성 형질은 영영 사라지는 것이 아니라 우성 형질 때문에 겉으로 드러나지 못하는 것뿐이에요.

그렇기 때문에 우성 형질은 좋고 열성 형질은 나쁘다고 말하는 것은 잘못이에요. 예를 들어, 머리카락이 잘 빠지는 탈모 형질은 우성이에요. 우성 형질이 좋은 것이라면, 탈모가 우성이니 좋은 걸까요? 최근 탈모로 고통 받는 사람이 우리나라에만 1000만 명 가까이 된다고 해요. 그중 절반 정도가 20~30대의 젊은 사람들이고요. 이들에게 탈모 형질이 우성이라는 사실은 결코 반가운 소식이 아니에요. 자신의 탈모 형질을 자녀에게 물려줄 수 있기 때문이에요. 물론 탈모는 스트레스나 생활 습관 등 환경적인 이유로 발생하기도 해요. 하지만 탈모 때문에 심리적으로 고통 받는 사람 앞에서 우성 형질은 좋고 열성 형질은 나쁘다는 식으로 말하는 것은 괜한 오해를 부를 수 있으니 조심해야 해요.

조심할 것이 하나 더 있어요. 우성 형질은 정상이고 열성 형질은 비정상이라고 잘못 알고 있는 사람들이 있어요. 손가락이나 발가락 일부가 짧은 단지증은 우성 형질이에요. 그럼 단지증이 있는 사람은 정상이고 단지증이 없는 사람은 비정상일까요? 아니에요. 우성은 열성에 비해 잘 표현되는 유전 형질일 뿐이에요. 어떤 배우는 엄지 손가락이 짧아서 괴로웠던 적이 있다고 해요. 우성은 정상이고 열성은 비정상이라는 잘못된 생각은 다른 사람의 마음을 아프게 할 수 있으니 조심해야 해요.

## 3 멘델은 완두콩 실험으로 무엇을 알아냈나요?

우성 형질과 열성 형질은 오스트리아의 신부님이자 생물학자인 그레고어 멘델이 생각해 낸 단어예요. 멘델은 오랫동안 완두콩을 키우고 관찰한 실험 결과를 1865년에 논문으로 발표했는데 이때 우성 형질과 열성 형질이라는 용어를 처음으로 사용했어요. 멘델이 어떻게 해서 이 용어를 생각하게 되었는지 잠깐 멘델의 텃밭을 들여다볼까요?

1854년 멘델은 수도원 뒷마당에 작은 텃밭을 만들고 완두콩을 심었어요. 멘델은 실험에 앞서 순종을 만들었어요. 순종이란 어떤 식물이나 동물이 다른 종류와 섞이지 않은 순수한 품종을 말해요. 멘델이 순종을 만든 방법은 다음과 같아요.

우선 완두콩 색깔이 노란색인 것을 심어서 꽃이 피면 여기서 나온 꽃가루를 자신의 암술머리에 묻혀 줘요. 이런 방식을 자가 수분이라고 해요. 이제 꽃이 지고 열매가 맺히면 노란색 완두콩만 골라내 다시 심어요. 여기서 잎이 나고 꽃이 피면 또 자가 수분을 하고 노란색 완두콩만 골라내 다시 심어요. 이 과정을 계속 반복하다 보면 순종의 노란색 완두콩을 얻을 수 있어요. 멘델은 같은 방법으로 순종의 초록색 완두콩도 얻었어요.

　이제 멘델은 본격적인 완두콩 실험에 들어갔어요. 이번에는 순종의 노란색과 초록색 완두콩을 교배시켰어요. 그랬더니 모두 노란색 완두콩만 나왔어요. 멘델은 궁금했어요. 노란색 완두콩과 초록색 완두콩을 교배시켰는데 왜 중간 색깔인 연두색 완두콩이 나오지 않고 모두 노란색 완두콩만 나온 걸까? 멘델은 생각했어요. 자손은 부모의 형질이 뒤섞이는 것이 아니라 어느 한쪽만 닮는 것은 아닐까? 멘델은 노란색을 만드는 형질에 우성 형질, 초록색을 만드는 형질에 열성 형질이라는 이름을 붙였어요.

　멘델의 실험은 작은 텃밭에서 10년 가까이 이어졌어요. 그가 키운 완두콩은 자그마치 2만 8000그루, 꽃 4만 송이, 완두콩 40만 알에 달했어요. 완두콩 실험을 통해 멘델은 우성 형질과 열성 형질이라는 유전 요소가 있다는 것을 알아냈어요. 열성 형질은 우성 형질과 같이 있을 때는 겉으로 드러나지 않지만 잠재된 유전 요소로서 후손에게 전해진다는 사실도 알아냈어요.

　멘델은 완두콩 실험 결과를 바탕으로 우열의 법칙, 분리의 법칙, 독립의 법칙을 발견하고 이를 세상에 알렸어요. 오늘날 '멘델의 법칙'으로 알려진 이 개념은 유전학을 연구하는 과학자들에게 커다란 영감을 주었어요.

# 4 유전자가 뭐예요?

멘델이 텃밭에서 엄청나게 많은 완두콩을 세면서 깨달은 것은 부모의 형질을 자식에게 전달해 주는 유전 요소가 완두콩에 있다는 거였어요. 하지만 멘델은 그 정체를 알 수 없었어요. 이것은 멘델이 세상을 떠나고 수십 년이 지난 후에야 과학자들에 의해 밝혀졌어요. 이것의 이름이 유전자예요. 1909년 식물학자 빌헬름 요한센이 처음으로 사용했어요.

생물은 세포로 이루어져 있어요. 유전자는 그 세포 속에 있는 작은 정보 조각이에요. 원자가 물질의 기본 단위인 것처럼 유전자는 유전의 기본 단위예요. 유전자는 생물이 어떻게 생겨나고 성장하는지에 대한 비밀을 담고 있는 생명의 설계도라고 할 수 있어요. 인간도 수많은 세포로 이루어져 있는데 각각의 세포에 유전자가 들어 있어요.

우리 몸의 모든 세포에는 똑같은 유전자가 들어 있지만 어떤 유전자가 작동하는가에 따라 세포의 운명이 달라져요. 유전자에는 스위치처럼 작동하는 부분이 있어서 유전자가 켜지고 꺼진다고 해요. 예를 들어 우리 몸은 세포를 늘려 가는 과정에서 눈 세포를 만드는 유전자 부분의 스위치가 켜지고 나머지 부분이 꺼지면 각막과 홍채, 망막 등의 눈 세포가 만들어져요. 피를 만드는 세포도 어떤 유전자 부분의 스위치가 켜지고 꺼지냐에 따라 적혈구와 백혈구, 혈소판 등으로 갈라져 성장해요.

1990년 무렵까지 많은 과학자들은 인간의 유전자가 10만 개가 넘을 것으로 예상했어요. 인간은 언어를 사용하고 우주선을 타고 달 표면까지 가서 발자국을 남길 정도로 고등 생물이기 때문에 유전자도 당연히 많을 거라고 생각한 거였어요. 하지만 인간의 유전자는 2만여 개로 정도로 밝혀졌어요. 이는 유전자 실험에 쓰이는 꼬마 선충과 비슷하고 개보다 적은 수준이에요. 심지어 옥수수보다 1만 1000개 이상 적고 벼보다는 1만 7000개, 밀보다는 8만 7000개 정도가 적어요. 고등 생물일수록 유전자가 많은 것은 아닌 거예요. 반대로 유전자가 많다고 고등 생물인 것도 아니에요.

인간과 꼬마 선충, 개, 식물의 차이는 유전자의 많고 적음에서 생기는 게 아니에요. 연결에서 오는 거예요. 유전자를 얼마큼 많이 가졌느냐가 아니라 자기가 가진 유전자를 어떻게 정교하게 연결해서 사용하느냐가 더 중요하다는 말이에요.

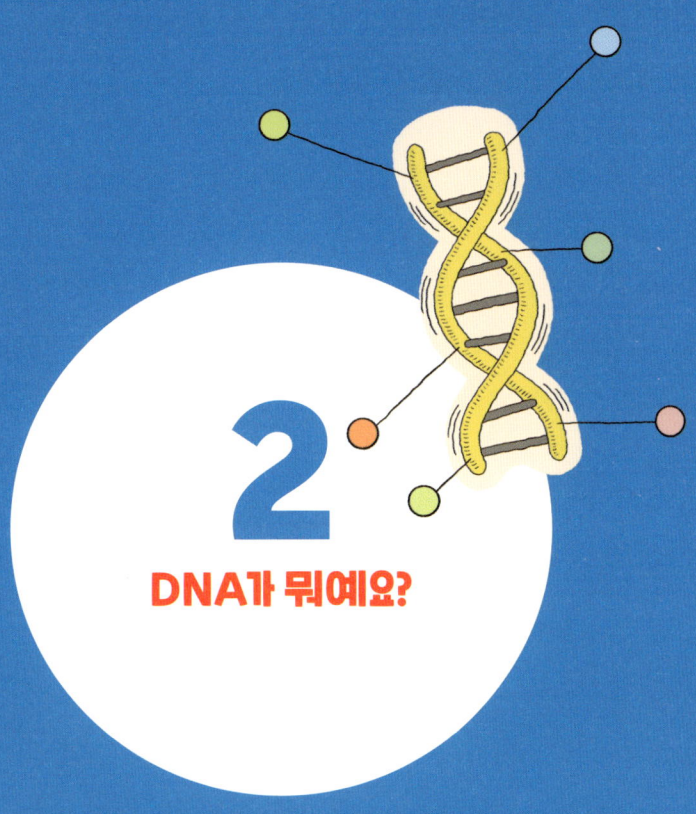

# 2
## DNA가 뭐예요?

## 5 DNA는 유전 물질인가요?

1928년 미국의 생물학자 프레더릭 그리피스는 폐렴 백신을 연구하고 있었어요. 폐렴은 폐렴균이나 바이러스 때문에 폐에 염증이 생기는 병이에요. 폐렴균 중에는 독성이 있는 것과 없는 것이 있어요. 그리피스는 독성이 있는 폐렴균을 죽인 다음 독성이 없는 폐렴균과 함께 실험용 쥐에 주사했어요. 그랬더니 이상한 일이 벌어졌어요. 어떻게 된 일인지 쥐가 죽어 버린 거예요.

그리피스는 궁금했어요. 독성을 가진 폐렴균은 이미 죽었고 독성이 없는 폐렴균은 쥐를 죽이지 못하는데 어떻게 해서 쥐가 죽었을까? 생각에 생각을 거듭한 그리피스는 이런 결론을 내렸어요. 혹시 독성을 가진 폐렴균에서 나온 어떤 물질이 독성이 없는 폐렴균 속으로 들어간 뒤 이것의 형질을 바꿔 버린 것은 아닐까? 그러니까 그리피스는 독성을 가진 폐렴균의 어떤 물질이 독성이 없는 폐렴균 안으로 들어가 독성을 갖는 형질로 전환시켰다고 생각한 거예요. 그리피스는 이 현상에 형질 전환이라는 이름을 붙였어요.

그리피스는 폐렴균의 형질을 바꾸는 어떤 물질이 있다는 것을 알아냈어요. 그것은 유전 정보를 전달하는 물질이었지만 그리피스는 그게 무엇인지까지는 알아내지 못했어요. 1944년 미국의 생물학자 오즈월드 에이버리가 이것의 정체를 밝혔어요. DNA가 유전 물질이었던 거예요.

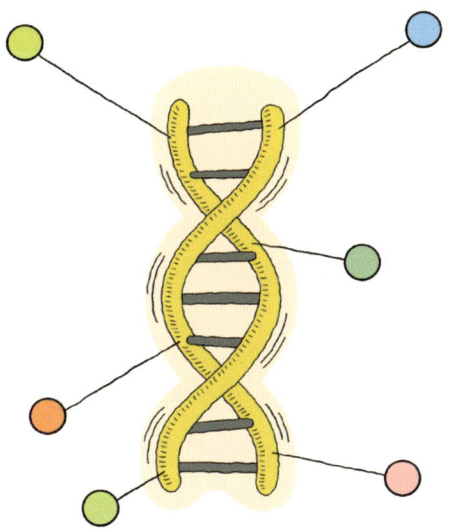

## 6 DNA와 유전자는 같은 건가요?

DNA는 유전 정보를 담고 있어요. 멘델이 우성 형질, 열성 형질이라고 불렀던 것들은 모두 DNA가 갖고 있는 유전 정보예요. DNA는 물질이에요. 눈으로 보고 손으로 만질 수 있어요. 간단한 실험으로 DNA를 뽑아낼 수도 있어요.

예를 들어 딸기나 바나나, 브로콜리 등을 으깨서 물과 주방 세제, 소금을 넣고 체로 거른 뒤 차가운 알코올을 넣어 주면 하얀 실 같은 것이 보이는데 그 안에 DNA가 있어요. DNA는 열에 녹고 약품에 반응하는 화학 물질이에요. 결론은 DNA가 유전 정보를 지닌 화학 물질이라는 거예요.

그런데 유전자는 DNA와 같은 걸까요? 네, 맞아요. 유전자는 DNA의 일부예요. 유전자가 듬성듬성 길게 늘어선 것이 DNA예요. 유전자가 진주라면 DNA는 진주 목걸이라고 할 수 있어요. 다만 진주가 빽빽하지 않고 띄엄띄엄 놓인 목걸이예요.

또 한편으로 유전자는 요리법 같은 거예요. 유전자가 요리법이라면 DNA는 요리책이에요. 고기 굽는 법, 국수 삶는 법, 나물 무치는

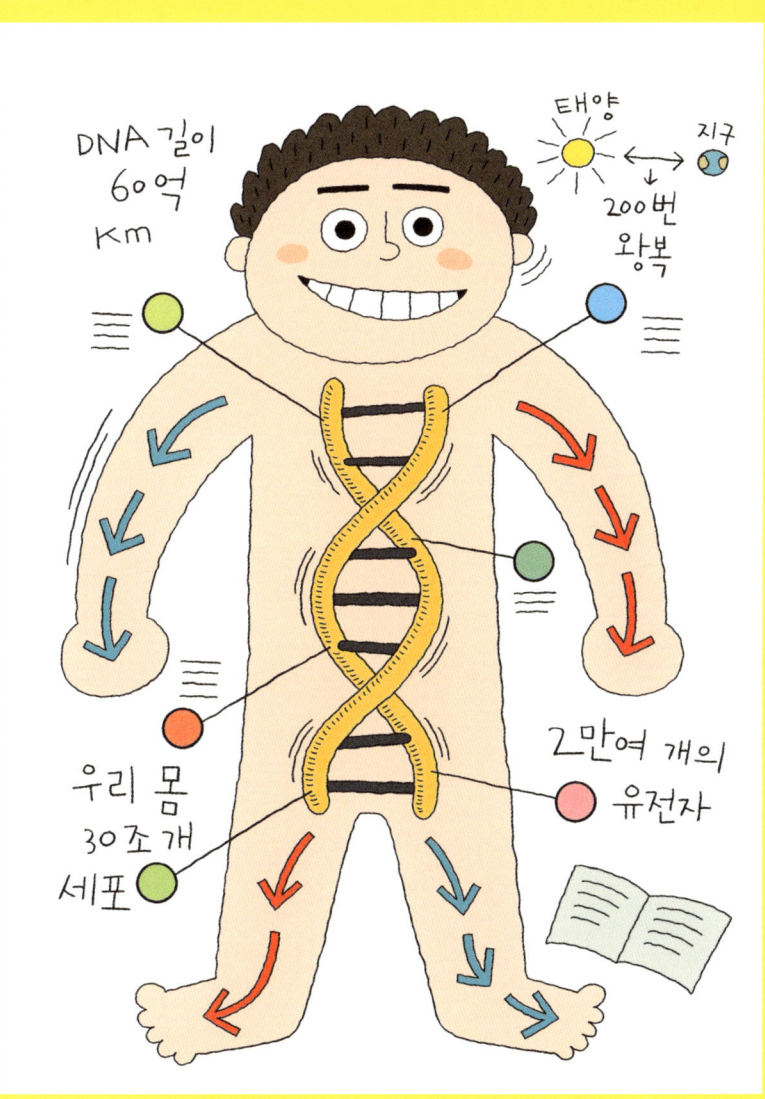

법 등 다양한 요리법이 요리책에 쓰여 있듯이 DNA에는 다양한 유전자가 들어 있어요. 인간은 2만여 개의 유전자를 갖고 있어요. 유전자는 DNA의 부분이며 그 유전자들이 모여 DNA가 되는 거예요.

참고로 사람의 세포 하나에 들어 있는 DNA를 직선으로 늘어놓으면 2미터 정도가 된다고 해요. 우리 몸에는 30조 개의 세포가 있어요. 그 안에 있는 DNA를 모두 이어 붙이면 60억 킬로미터에 달해요. 그 정도면 태양과 지구 사이를 200번 오갈 수 있어요. 정말 엄청나지 않나요?

# 7 돌연변이가 뭐예요?

변이는 부모로부터 물려받은 유전자에 의해 생기는 자연스러운 차이예요. 어떤 장미꽃은 빨간색이고 어떤 장미꽃은 노란색이에요. 장미꽃 색깔의 차이는 변이예요. 또 누군가는 검은 피부를, 누군가는 하얀 피부를 가질 수 있어요. 피부 색깔의 차이도 변이예요.

변이는 생물이 환경에 적응하며 살아가는 데 중요한 역할을 해요. 예를 들어 검은 피부는 햇빛이 강한 곳에서 자외선으로부터 피부를 보호하고 생존 가능성을 높일 수 있어요. 반대로 하얀 피부는 햇빛이 적은 곳에서 자외선을 더 많이 흡수해 **뼈를 튼튼하게 하고** 건강한 몸을 유지하는 데 도움을 줄 수 있어요.

그런데 갑자기 예상하지 못한 변이가 돌발적으로 생겨날 수 있어요. 이걸 돌연변이라고 해요. 예를 들면 최근 살충제에 죽지 않는 바퀴벌레가 많아졌다고 해요. 이것은 바퀴벌레 유전자에 살충제를 이겨 내는 돌연변이가 생겼기 때문이에요. 살충제에 저항하는 유전자가 대물림되면서 차곡차곡 쌓이고 이런 바퀴벌레가 점점 많아지고 더 오래 살아남으면 새로운 종류의 바퀴벌레로 진화할 수 있어요.

　돌연변이 유전자를 가진 생물은 자연에서 살아남기 힘들어요. 눈이 세 개인 뱀, 입이 두 개인 물고기는 먹이 활동은 물론 짝짓기도 힘들어요. 물론 돌연변이 생물 중에는 환경에 잘 적응해 진화하는 경우도 있어요. 예를 들면 기린은 원래 목이 짧았어요. 그런데 어느 날 목이 긴 돌연변이 기린이 태어났어요. 처음에는 다른 기린보다 더 나을 것이 없었어요. 하지만 심한 가뭄이 들어 먹이가 턱없이 부족해지자 목이 긴 기린이 유리해졌어요. 목이 짧은 기린이 먹지 못하는 높은 곳의 이파리까지 따 먹을 수 있었던 거예요. 그 덕분에 살아남은 목이 긴 돌연변이 기린은 오늘날 기린의 조상이 되었어요.

　생물의 진화는 돌연변이에서 시작해요. 환경에 적응하는 돌연변이가 많아질수록 유전자가 다양해지고 생태계도 풍성해져요.

# 8 DNA로 범인을 잡을 수 있다고요?

'모든 범죄는 흔적을 남긴다.'는 말을 들어 본 적 있지요? 그중 핏자국은 범죄를 해결하는 중요한 증거 중 하나예요. 코난 도일의 추리 소설 『공포의 계곡』에도 명탐정 셜록 홈스가 창문틀에 남겨진 핏자국을 단서로 범인을 찾아내는 장면이 나와요. 이 핏자국은 범인이 과거에 몸담았던 범죄 집단을 속이기 위해 일부러 묻힌 것인데 홈스가 뛰어난 관찰력과 분석력으로 이걸 꿰뚫어 본 거예요.

그런데 이렇게 상상을 해 보는 건 어떨까요? 홈스는 사건 현장에 도착한 지 사흘 만에 범인이 누군지 알아냈는데 지금처럼 과학 수사의 도움을 받았다면 어땠을까요? 그보다 더 빨리 사건을 해결할 수 있지 않았을까요? 창문틀의 핏자국에서 나온 DNA와 죽은 피해자에게서 나온 DNA가 일치한다는 분석 결과를 홈스가 받아 본다면 말이에요.

이제 과학 수사는 범죄 수사의 기본이 되었어요. 과학 수사는 범죄 현장에서 나온 증거를 과학적으로 분석해 수사하는 방법이에요. 특히 DNA는 사람마다 다르기 때문에 범인을 추적하는 데 큰 도움이 될 수 있어요. 우리나라 경찰은 편지 봉투에 우표를 붙이려고 묻힌 침 속에서 DNA를 찾아낸 뒤 이것을 음료수 캔에 남겨진 DNA와 비교해 범인을 잡은 적도 있어요. DNA를 분석하면 많은 정보를 얻을 수 있어요. 눈동자나 머리카락의 색깔은 물론 나이도 짐작할 수 있어요. 범인으로 추정되는 사람의 얼굴을 재구성해서 그릴 수도 있어요.

    그런데 DNA 분석이 늘 정확한 것은 아니에요. 99.999퍼센트 이상 정확하다고는 하지만 이는 10만 명 중에 1명꼴로 잘못된 결과를 낳을 수 있어요. DNA 분석 결과만 믿었다가는 억울하게 죄를 뒤집어쓰는 사람이 나올 수 있다는 말이에요. 잘못된 판단을 막으려면 DNA 분석과 함께 추가 증거를 모아 용의자의 범위를 최대한 줄여야 해요. 덧붙여 수사 과정에서 DNA를 강제적으로 수집하는 것은 인권 침해가 될 수 있으니 이것 또한 주의해야 해요.

# 3

## 이기적 유전자가 뭐예요?

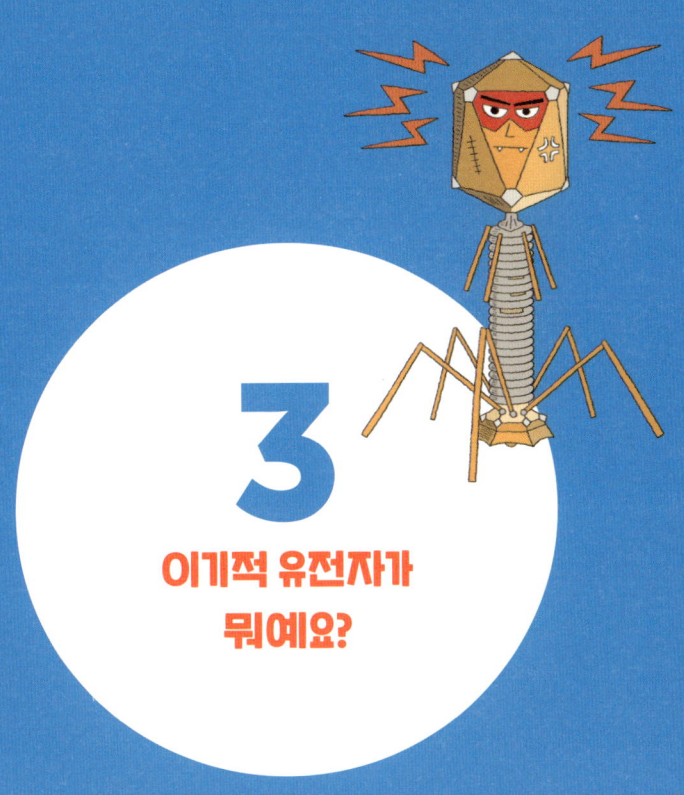

# 9 바이러스가 이기적이라고요?

2022년 프랑스의 과학자들이 시베리아의 영구 동토층 아래에서 4만 8500년 동안 잠들어 있던 바이러스를 찾아냈어요. 영구 동토층은 일 년 내내 얼어붙어 있는 곳을 말해요. 여기서 찾은 바이러스에 '판도라바이러스 예도마'라는 이름을 붙여 줬어요. 그런데 그렇게 오랫동안 얼음 속에 갇혀 있었는데, 얼음 밖으로 꺼내자 곧 다시 살아나 활동을 시작했다고 해요.

죽었던 바이러스가 좀비처럼 되살아났다고 하지만 사실 바이러스는 생물이 아니에요. 우리가 생물이라고 부르는 존재는 생명 활동을 해요. 인간에게 있어 생명 활동이란 스스로 먹고, 자고, 싸고, 성장하고, 체온을 유지하고, 자극에 반응하고, 자손에게 유전자를 물려주는 그 모든 것을 말해요. 그런데 바이러스는 스스로 그런 활동을 할 수 없어요. 바이러스는 오직 살아 있는 세포 안에서만 생명 활동을 할 수 있어요.

'박테리오파지'라는 바이러스는 살아 있는 박테리아 속으로 들어가 기능을 빼앗은 뒤 복사기로 책을 복사하듯 자신의 복사본을 만

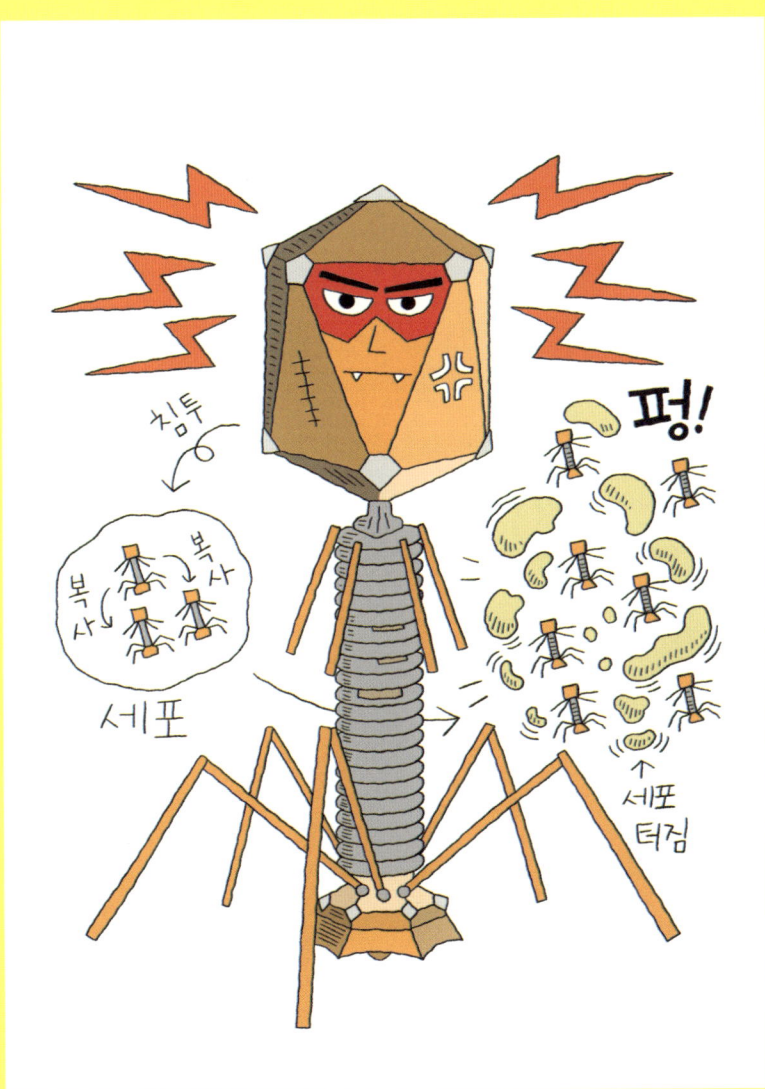

들어요. 그런 다음 박테리아 내부가 복사본으로 가득 차면 세포막을 터트리고 탈출해요. 밖으로 나온 박테리오파지의 복사본들은 더 많은 세포 속으로 침투하고 또다시 복사본을 만들어요. 지난 몇 년 동안 인류를 괴롭혔던 코로나19 바이러스도 이런 식으로 퍼져 나갔어요.

   바이러스의 유전자에는 생명 활동에 필요한 정보가 거의 없어요. 오직 살아 있는 세포를 이용해 자신의 복사본을 만드는 정보만 있을 뿐이에요.

   자신의 이익을 위해 다른 사람에게 피해를 주는 것은 이기적인 행동이에요. 바이러스가 자신의 복사본을 만들기 위해 살아 있는 세포의 기능을 훔치고 이용한 뒤 망가뜨리고 탈출하는 것도 이와 다르지 않아요. 물론 이것은 바이러스의 잘못이 아니에요. 바이러스는 죄가 없어요. 바이러스는 그저 자신의 복사본을 더 많이 퍼트리려는 유전자 본래의 역할에 충실할 뿐이에요. 그럼에도 바이러스가 이기적으로 보이는 것은 어쩔 수 없어 보여요.

# 10 부모님의 사랑이 유전자 때문이라고요?

좀 엉뚱한 얘기를 해 볼게요. 부모님은 여러분을 사랑하고 있어요. 여러분이 공부를 잘하든 못하든, 말을 잘 듣든 안 듣든 부모님은 여러분을 사랑해요. 그런데 만약 부모님의 사랑이 유전자 때문이라면 여러분은 어떤 느낌이 들까요? 기분이 나쁠까요? 아니면 슬플까요? 쓸데없는 질문이라 대답하기 싫을까요?

장난은 그만하고 진지하게 얘기해 볼게요. 유전자에는 생존과 번식이라는 프로그램이 들어 있어요. 생존이란 자기 자신을 보호해 살아남는 거예요. 번식은 자신의 복사본을 많이 만들어 퍼트리는 거예요. 그러나 유전자는 생존과 번식을 혼자 할 수 없어요. 유전자는 세포 안에 들어 있기 때문에 세포의 도움을 받아야 해요.

플랑크톤처럼 하나의 세포로 이루어진 단세포 생물 안에서 유전자가 살아남으려면 플랑크톤이 먹이 활동을 열심히 하게 해야 해요. 또 유전자의 복사본을 많이 만들려면 플랑크톤이 성장하고 분열해야 해요. 만약 사람처럼 여러 세포로 이루어진 다세포 생물이라면 유전자는 자신이 살아남기 위해 굶지 않고 춥지 않게 해야 해요. 또 유전자의 복사본에 해당하는 자손을 많이 낳도록 해야 해요.

　유전자 눈높이에서 보면 인간을 포함한 모든 동물과 식물, 박테리아, 바이러스는 유전자 자신을 보호하는 안전장치예요. 또한 자신의 유전자를 자식에게 전달해 주는 운반 기계이기도 해요. 유전자 입장에서 생각해 보면 부모가 자신의 유전자를 공유하는 여러분을 사랑하는 것은 결코 손해가 아니에요. 여러분이 성장해 자녀를 낳으면 그만큼 유전자가 불어나기 때문에 그것 또한 이익이에요. 이 모든 것은 유전자가 생존하고 번식하려고 하기 때문에 벌어진 일이에요. 하지만 실망하지 마세요. 유전자 탓이라고 해도 부모님이 여러분을 사랑하는 것은 어디까지나 사실이니까요.

# 11 이기적 유전자가 뭐예요?

영국의 생물학자 리처드 도킨스는 자신의 책 『이기적 유전자』에서 유전자를 이기적인 존재라고 했어요. 여기서 이기적이라는 말은 유전자가 자신의 복사본을 남기기 위해 우리를 이기적으로 행동하게 하고 때로는 목숨을 내놓는 희생도 요구한다는 거예요. 이게 무슨 말인지 브라질의 개미를 예로 들어 볼게요.

포렐리우스 푸실루스는 사탕수수 밭에 집을 짓는 작은 개미예요. 이 개미는 낮 동안 먹이 활동을 하다가 해가 지면 땅 밑의 안전한 보금자리로 돌아가요. 이때 개미굴로 돌아가지 않는 개미들이 있어요. 이 개미들은 동료들이 모두 집으로 들어가기를 기다렸다가 모래알 같은 작은 부스러기를 모아 굴 입구를 막아요. 침입자가 집으로 들어오지 못하게 입구를 막아 동료 개미들을 지키려는 거예요. 그런데 문제가 있어요. 굴을 막으면 자기들은 들어갈 수 없다는 거예요. 스스로 굴 밖에 남은 개미들은 밤새 차가운 바람에 시달리고 추위에 떨다 죽을 수 있어요. 개미들이 입구 근처에서 죽으면 천적을 집으로 끌어들일 수 있어요. 그래서일까요? 자신들이 어디서 죽어야 하는지 아는 듯 이들은 집에서 멀리 떨어진 곳으로 길을 떠나 그곳에서 죽음을 맞이해요.

　동료를 위해 희생하는 것은 자기에게 손해예요. 자칫 목숨을 잃을 수도 있으니까요. 하지만 개미 유전자의 눈높이에서 보면 결코 손해가 아니에요. 개미 몇 마리의 희생으로 개미굴이 안전해진다면 동료 개미들의 몸속에 있는 유전자는 살아남을 수 있어요. 개미는 애벌레부터 일개미, 수개미, 여왕개미에 이르기까지 모두가 거의 같은 유전자를 공유하고 있어요. 유전자의 목적은 자신의 복사본을

늘리는 거예요. 개미 집단이 번성할수록 유전자는 더 많이 퍼질 수 있어요. 이를 위해 유전자는 수단과 방법을 가리지 않아요. 자신과 유전자를 공유하는 동료 개미를 위해 목숨을 내놓는 이유가 여기에 있어요.

개미의 희생적인 행동 뒤에는 이기적인 유전자의 교묘한 전략이 숨어 있어요. 유전자를 더 많이 퍼트리기 위해 이기적으로 행동할 뿐만 아니라 희생도 마다하지 않는 거예요. 이것이야말로 이기적 유전자의 진짜 모습이에요.

# 12 이기적 유전자가 공생을 말한다고요?

흡혈박쥐는 동굴이나 속이 빈 나무, 건물 등에 무리를 짓고 사는 작은 젖먹이 동물이에요. 흡혈박쥐라는 이름 그대로 다른 동물의 피를 먹고 사는데 식도와 위장이 좁고 길어서 피 말고는 다른 음식을 삼킬 수 없어요. 흡혈박쥐는 에너지 소모가 커서 매일 밤 자기 몸무게의 절반 이상에 해당하는 피를 먹어야 해요. 피는 생각보다 양분이 적어서 사흘만 먹지 못해도 흡혈박쥐는 죽을 수 있어요. 오직 피만 먹을 수 있고 며칠만 못 먹어도 목숨을 잃는 흡혈박쥐가 오래 산다는 것은 상상하기 힘들어요. 그런데 의외로 흡혈박쥐는 몸무게가 비슷한 다른 젖먹이 동물보다 수명이 몇 배는 길다고 해요. 그 이유가 뭘까요?

흡혈박쥐가 오래 사는 이유 중 하나는 서로 피를 나눠 먹기 때문이에요. 어떻게 피를 나누냐고요? 간단해요. 사냥에 성공한 흡혈박쥐는 피를 잔뜩 먹은 뒤 집으로 돌아와요. 그런데 사냥은 쉽지 않아요. 때때로 사냥에 실패한 동료 흡혈박쥐가 굶주린 배를 안고 돌아오기도 해요. 그때 옆자리에 매달린 흡혈박쥐에게 피를 나눠 달라고 보채요. 그러면 배가 부른 흡혈박쥐는 피를 게워 내 동료에게 나눠 줘요. 피를 얻어먹고 죽음의 위기에서 벗어난 동료는 나중에 은혜를 갚아요. 사냥에 성공하면 그때 자기에게 피를 나눠 준 흡혈박쥐에게 피를 나눠 주는 거예요.

  이런 현상은 주로 암컷 흡혈박쥐에게서 보인다고 하는데 암컷은 새끼에게 피를 먹이는 것은 물론 주변의 다른 암컷에게도 피를 나눠 준다고 해요. 심지어 동료 암컷이 죽으면 그의 새끼를 데려와 함께 키운다고 해요. 암컷의 이런 행동은 유전자 눈높이에서 보면 이익이에요. 동료에게 피를 나눠 주고 동료의 새끼를 키우는 것은 결국 동료와 동료의 새끼 몸속에 있는 자신의 유전자를 돕는 것과 다르지 않거든요.

  이기적 유전자는 이렇게 말하고 있어요. 동료의 몸속에 있는 자신의 복사본을 기꺼이 도우라고. 이기적 유전자가 진짜로 우리에게 원하는 것은 자신의 복사본을 지닌 동료를 도우며 살라는 거예요. 우리가 서로 도우며 살 수 있다면 그게 유전자의 명령 때문이든 도덕적 양심 때문이든 상관없을 거예요.

# 4
## 쓸모없는 유전자는 없다고요?

# 13 쓰레기 DNA가 있다고요?

 부지런히 일하는 사람을 가리켜서 흔히 개미 같다고 해요. 그런데 개미는 모두 부지런할까요? 개미집을 들여다본 과학자들에 따르면 70퍼센트의 개미가 게으름을 피운다고 해요. 10퍼센트는 아예 일을 하지 않았어요. 열심히 일하는 개미는 20퍼센트 정도밖에 안 되는 것으로 드러났어요.

 일하지 않는 개미라니? 과학자들은 놀랐어요. 그래서 이번에는 열심히 일하는 개미들만 모아 놓고 다시 실험을 했어요. 결과는 더 놀라웠어요. 여기서도 20퍼센트의 개미만 일을 하고 나머지는 빈둥거린 거예요.

 왜 노는 개미가 있는 걸까? 궁금했던 과학자들은 컴퓨터 게임처럼 가상의 개미 집단을 만들어 실험했어요. 가상 현실 속에서 개미들을 모두 한꺼번에 일하고 한꺼번에 쉬게 했어요. 그랬더니 문제가 생겼어요. 개미들이 동시에 다 같이 쉬면서 돌봄을 받지 못한 알과 애벌레가 생겨났고 이들은 어른 개미로 성장하지 못했어요. 결국 일하는 개미가 부족해진 개미 집단은 스스로 무너지고 말았어요.

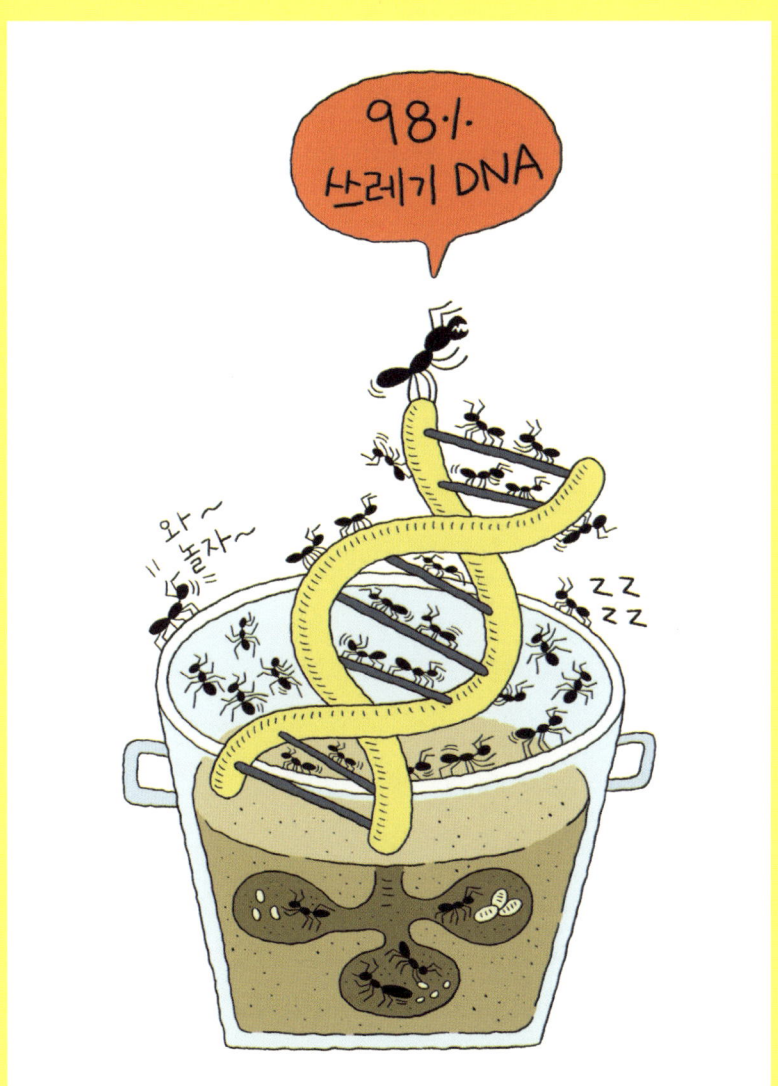

과학자들은 또 다른 가상의 개미 집단도 만들었어요. 이번 실험에서는 일하는 개미와 노는 개미를 적당히 섞어 놓았어요. 그러자 개미 집단이 오래 유지되었어요. 연구에 따르면 사실 노는 개미는 아무 일도 안 하고 놀기만 하는 것이 아니라 적당히 빈둥거리면서 알과 애벌레를 돌보고 집안일을 한다고 해요. 노는 개미가 있는 이유가 이거였어요.

이와 비슷한 경우가 DNA에도 있어요. DNA는 유전자가 쭉 늘어선 것인데 유전자가 듬성듬성 자리 잡고 있어서 비어 있는 부분이 꽤 많아요. 인간 DNA에서 유전자가 차지하는 부분은 2퍼센트밖에 안 돼요. 유전자는 단백질을 만드는 일을 해요. 그러니까 인간의 DNA는 단백질을 만드는 일을 하는 2퍼센트 부분과 그렇지 않은 98퍼센트 부분으로 되어 있다고 할 수 있어요.

이때 일하지 않는 98퍼센트를 쓰레기 DNA라고 불러요. 그런데 쓰레기 DNA가 진짜로 쓸모없는 건 아니에요. 여기에는 다른 유전자의 활동을 조절하는 스위치가 수백만 개나 있어요. 암이나 희귀병들이 이 유전자 스위치에 영향을 받을 수 있어요. 스위치의 작동 구조를 알아내면 질병 치료에 도움을 줄 수도 있어요.

노는 개미가 있어 개미 집단이 건강하게 유지될 수 있어요. 마찬가지로 쓰레기 DNA는 질병 퇴치에 큰 힘이 될 수 있어요. 이제 쓰레기 DNA를 더 이상 쓰레기로 여기면 안 될 거 같아요.

# 14 유전자가 뛰어다닌다고요?

 어릴 적부터 다른 사람의 말을 듣기보다 스스로 결정하기를 좋아한 여학생이 있었어요. 다른 여학생들은 으레 긴 머리에 긴 치마였지만 그 여학생은 짧은 머리에 바지였고 심지어 축구 시합도 나갔어요. 대학 교수가 된 후에는 열쇠를 깜빡했다며 연구실 벽을 타고 창문으로 들어가기도 했어요. 연구소 안에 밭을 만들어 옥수수를 심고 옥수수 하나하나에 이름을 붙여 주고 말을 걸었어요. 30년 가까이 괴짜라거나 외톨이로 불렸지만 결코 자신의 연구를 멈추지 않았어요. 1983년 81세의 나이에 '뛰는 유전자' 연구로 노벨 생리의학상을 받은 미국의 생물학자 바버라 매클린톡 이야기예요.

 매클린톡은 평생 옥수수를 키우면서 유전자를 연구했어요. 특히 하나의 옥수수에 노란색 알갱이나 보라색 알갱이뿐만 아니라 모자이크처럼 반점을 가진 알갱이들도 생기는 것을 보고 이상하게 생각했어요. 옥수수 알갱이에서 불규칙적인 색상이 나타나는 것은 당시의 유전 법칙으로는 설명되지 않는 현상이었어요. 매클린톡은 연구를 거듭한 끝에 옥수수 알갱이에 불규칙적인 색상이 생기는 이유는

'뛰는 유전자' 때문이라는 사실을 발견했어요. 그리고 이 사실을 1951년 세상에 알렸어요. 그러나 과학자들의 반응은 얼음장처럼 차가웠어요. 뛰는 유전자라니, 도저히 받아들일 수 없었어요.

1950년대는 유전자 연구가 막 꽃을 피우는 때였어요. 당시 과학자들은 유전자가 목걸이에 꿰어진 진주처럼 자기 자리를 벗어날 수 없다고 생각했어요. 그런데 매클린톡이 유전자가 자기 자리를 벗어나 다른 곳으로 점프하듯이 이동한다고 주장하니 그의 생각을 도저히 받아들일 수 없었던 거예요. 그러나 10여 년 뒤 박테리아와 동물에서도 뛰는 유전자가 발견되면서 매클린톡의 주장이 맞다는 것이 확인되었어요. 최근에는 뛰는 유전자가 생물체 안에 넓게 퍼져 있다는 사실도 드러났어요. 예를 들어 DNA에서 뛰는 유전자가 차지하는 비율은 옥수수에서는 85퍼센트, 사람은 45퍼센트 정도라고 해요.

뛰는 유전자의 가장 큰 특징은 다른 유전자 사이로 끼어들거나 옆자리를 차지해 그 유전자의 활동을 켜거나 끄는 스위치로 작동하는 거예요. 이 과정에서 다른 유전자를 망가뜨리기도 해요. 그래서 과거에는 뛰는 유전자가 골칫덩어리로 여겨졌어요.

최근에 과학자들은 뛰는 유전자에서 암을 비롯한 질병 치료, 수명 연장에 도움이 되는 부분을 찾아냈어요. 그동안 몰랐던 쓸 만한 기능이 발견되면서 이제 뛰는 유전자는 새로운 연구 분야로 떠오르고 있어요.

## 15 체르노빌의 청개구리는 검은색이라고요?

 청개구리의 피부색이 어떤 색인지 모르는 사람은 없을 거예요. 네, 맞아요. 청개구리는 초록색이에요. 그런데 초록색이 아닌 검은색 청개구리가 나타났어요. 2022년에 스페인 연구팀이 우크라이나의 체르노빌 핵 발전소 부근에서 검은색 청개구리를 발견한 거예요.
 체르노빌은 1986년 인류 역사상 최악의 핵 발전소 폭발 사고가 일어난 곳이에요. 원자로가 폭발하면서 대량의 방사선이 퍼져 나가 수십만 명이 다치거나 죽었고 아직도 많은 사람들이 후유증에 시달리고 있어요. 핵연료에서 나오는 방사선은 인류의 과학 기술로 막을 수 없어요. 그래서 폭발 사고 이후 지금까지 40년 가까이 지났지만 핵 발전소 주변 30킬로미터는 여전히 출입 금지 구역으로 지정되어 있어요.
 원래 청개구리는 초록색이지만 자연 생태계에서 검은색 청개구리를 아예 볼 수 없는 것은 아니에요. 하지만 체르노빌의 경우는 조금 달라요. 웬일인지 원자로에 가까이 갈수록 검은색 청개구리가 많이 발견된다고 해요. 과학자들은 과거에 원자로가 폭발하면서 대량의

방사선이 뿜어져 나와 피부색이 옅은 초록색 청개구리는 죽고 피부색이 진한 검은색 청개구리가 살아남아 번식한 것이 아닐까 짐작하고 있어요.

피부색을 진하게 하는 것은 멜라닌 색소예요. 멜라닌 색소가 많을수록 피부색이 진해지고 햇빛의 자외선으로부터 피부를 보호할 수 있어요. 특히 멜라닌 색소에는 방사선을 흡수해 독성을 줄이는 기능이 있어요. 그러니까 멜라닌 색소 덕분에 검은색 청개구리가 죽지 않았고 그 후손들이 지금 체르노빌 핵 발전소 부근에서 살아간다는 거예요.

멜라닌 색소를 만드는 유전자는 청개구리뿐 아니라 사람과 박테리아, 곰팡이에도 있어요. 1억 년 전의 익룡 화석에서 멜라닌 색소가 발견되기도 했어요. 이런 사실들은 수억 년 전부터 생명체들이 멜라닌 색소 유전자를 공유해 왔다는 것을 알려 주고 있어요. 피부색을 진하게 만들어 귀찮기만 하고 쓸모없어 보이던 유전자가 뜻밖에도 오래전부터 지구 생명체를 지켜 왔던 거예요.

# 16 기후 위기 때문에 유전자가 사라진다고요?

사막에서 살아가는 생물은 물론이고 바다 위에서 길을 잃고 헤매는 뱃사람, 바닷속에 사는 바다뱀에게 가장 필요한 '이것'은 무엇일까요? 그건 바로 물이에요. 그런데 뭔가 이상해요. 선인장, 낙타, 전갈 같은 사막 생물이 건조한 기후를 이겨 내는 데 물이 필요한 것도 알겠고 바다를 헤매는 선원에게 물이 필요한 것도 알겠어요. 그런데 바다뱀에게 물이 필요하다니요? 둘러보면 사방이 모두 물인데 무슨 물이 더 필요하다는 걸까요?

결론부터 말하면 바다뱀은 물고기가 아니에요. 따라서 바다에 살지만 바닷물을 먹을 수 없어요. 만약 목마른 바다뱀이 바닷물을 벌컥벌컥 들이켰다가는 갈증에 시달려 죽을 수 있어요.

바다뱀이 먹을 수 있는 물은 빗물이에요. 바다뱀 중에는 뭍에 오르는 종류도 있어서 연못이나 강물에서 물을 얻기도 해요. 하지만 바다를 벗어나지 못하는 바다뱀 종류는 비가 내릴 때까지 건조한 계절을 여섯 달 이상 견뎌야 해요. 마침내 큰비가 며칠씩 내리면 바다 위에 빗물이 고여 돋보기처럼 보이는데 이것을 담수 렌즈라고 불러요. 이 물은 소금기가 적어요. 목이 말랐던 바다뱀은 이 기회를 놓치지 않고 물을 실컷 마셔요. 한꺼번에 자기 몸무게의 15퍼센트까지 물을 마신다고 해요.

바다뱀은 원래 육지의 뱀이 바다에 들어가 살게 된 것으로 코브라가 먼 친척이에요. 그래서 바다뱀 대부분은 맹독이 있어 사람이 물리면 목숨이 위험해요. 하지만 맹독도 약이 될 수 있어요. 바다뱀의 맹독을 이용해 신경 마비를 막거나 암을 치료하는 의약품을 만들 수 있다고 해요. 지구 위에서 살아가는 생물 중에 쓸모없는 생물이 없듯이 쓸모없는 유전자도 없어요. 지금 쓸모없는 것처럼 보이는 유전자는 우리가 아직 쓸모를 찾지 못했을 뿐이에요.

날이 갈수록 지구는 뜨거워지고 가뭄은 잦아지고 있어요. 목마른 바다뱀이 바다 한가운데서 죽어 가고 있어요. 기후 위기가 계속 이어지면 바다뱀을 포함한 수많은 생물들은 물론 아직 그 쓸모를 찾지 못한 유전자들도 함께 잃고 말 거예요. 하루빨리 기후 위기를 멈춰 세워야 해요.

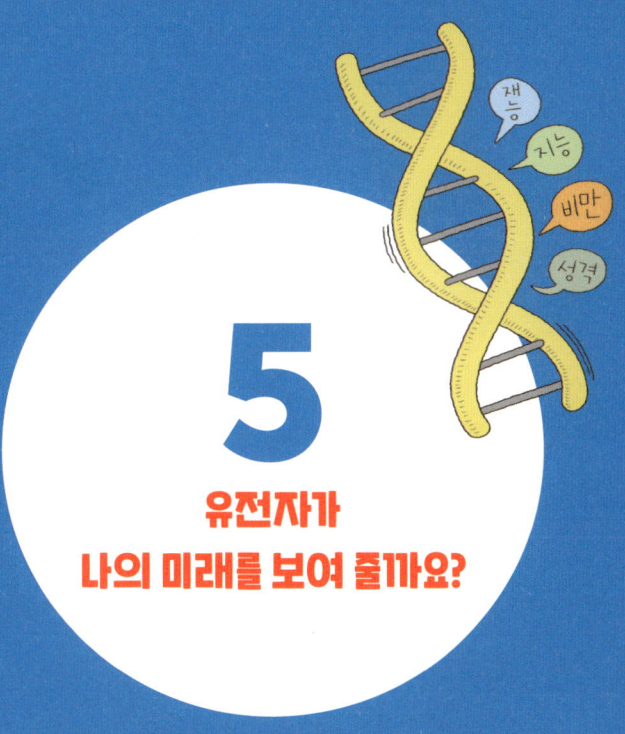

# 5
## 유전자가
## 나의 미래를 보여 줄까요?

# 17 비만이 유전자와 관련이 있다고요?

살찌는 것을 좋아하는 사람은 아마 거의 없을 거예요. 비만은 건강한 몸의 적이니까요. 그런데 비만은 왜 생기는 걸까요? 혹시 유전자와 관련이 있는 것은 아닐까요?

비만의 원인을 유전자에서 찾으려면 시계를 과거로 돌려야 해요. 최초의 인류는 30만 년 전에 나타났어요. 인류는 오랫동안 동물을 사냥하고 식물을 뜯어 먹으며 살았어요. 농사를 짓기 시작한 것은 1만 년 정도밖에 안 돼요. 그러니까 인류는 진화의 역사에서 대부분의 시간을 사냥하고 채집하며 원시인으로 살았던 거예요.

자연의 먹거리는 인류의 배고픔을 해결해 주었지만 언제나 그런 것은 아니었어요. 가뭄이 들고 홍수가 나면 숲과 들이 망가지고 사냥감도 줄었어요. 운 좋게 사냥에 성공하거나 맛있는 과일을 발견

하면 배부르게 먹을 수 있지만 그건 오늘뿐이고 내일은 알 수 없었어요. 오늘은 먹지만 내일은 굶을 수 있는 게 원시인의 삶이었어요.

수만 년 동안 굶기를 밥 먹듯이 하면서 인류의 유전자는 부족한 먹거리 환경에 적응해 갔어요. 먹을 게 있으면 일단 배불리 먹었어요. 그리고 생명 활동에 쓰고 남은 에너지는 기름 성분 즉 지방 조직으로 만들어 차곡차곡 몸속에 저장했어요. 지방은 추위를 막고 에너지를 공급해 인류의 생존을 도왔어요. 지방은 탄수화물이나 단백질의 두 배가 넘는 에너지를 낼 수 있어요. 인류의 유전자는 굶주림에 적응했고 결국 살아남았어요.

　하지만 이제 먹거리 환경이 바뀌었어요. 음식이 넘쳐 나고 우리는 필요 이상으로 먹게 되었어요. 그런데도 우리 몸의 유전자는 여전히 남은 에너지를 지방 조직으로 바꾸는 쓸데없는 짓을 하고 있어요. 비만이 생기는 이유 중 하나가 여기에 있어요.

　비만은 성인병을 일으킬 수 있어요. 성인병은 당뇨, 고혈압, 동맥경화증 등과 같이 주로 중년 이후의 성인에게 문제가 되는 병들을 통틀어 이르는 말이에요. 과거 먹거리가 부족한 환경에서 원시인의 생존에 도움을 주었던 유전자가 이제는 현대인의 생존을 방해하고 있는 거예요. 우리는 21세기를 살아가고 있지만 우리 몸은 여전히 원시 시대에 머물러 있기 때문에 생기는 일이에요.

## 18 유전자 검사로 질병을 예방할 수 있을까요?

2013년 미국의 영화배우 안젤리나 졸리는 가슴에 큰 수술을 받았어요. 수술을 하게 된 이유는 유전자 검사 결과 때문이었어요. 유전자 검사는 침이나 피 속에 있는 DNA를 분석하는 것으로 우리가 코로나19 팬데믹 때 보건소나 병원에서 받았던 검사와 비슷해요. 졸리의 어머니와 할머니, 이모는 모두 유방암으로 세상을 떠났는데 아마도 이런 안타까운 가족의 역사가 졸리를 유전자 검사로 이끈 것 같아요. 검사 결과 졸리의 유전자에서 돌연변이가 발견되었고 유방암에 걸릴 확률이 87퍼센트로 나왔다고 해요.

유전자 검사를 이용하면 유방암은 물론 질병과 비만, 재능, 지능, 성격, 혈통 등에 관련된 유전자 정보도 알아낼 수 있어요. 그런데 여기서 조심할 부분이 있어요. 유전자 검사는 내 몸에 이런저런 유전자가 있다고 알려 주는 것뿐이라는 거예요. 그 유전자 때문에 질병에 걸리는지, 살이 찌는지, 자녀에게 어떤 능력이 대물림되는지, 조상 중에 백인이나 흑인이 있는지 정확히 말해 주는 것은 아니에요. 그건 어디까지나 가능성일 뿐이에요. 반드시 그렇게 된다는 게 아니에요. 게다가 유전자 검사는 아주 적은 확률이기는 하지만 틀리기도 하고 검사 업체마다 다른 결과를 보여 주기도 해요. 무엇보다 유전자 검사는 그 자체로 의학적 진단이 아니에요. 검사 결과를 갖고 섣부른 판단을 하면 위험할 수 있으니 조심해야 해요.

안젤리나 졸리는 유전자 검사를 근거로 가슴을 잘라 내는 수술을 했어요. 그 판단이 옳았는지 지금은 알 수 없어요. 유전자 검사가 알려 주는 것은 유전자의 이름들뿐이에요. 유전자 검사는 우리가 어떤 유전자를 갖고 태어났는지 알려 주지만 우리의 미래를 알려 주지는 않아요. 유방암에 영향을 주는 유전자가 있다고 유방암에 반드시 걸리는 것도 아니에요.

유전자가 우리의 몸과 마음에 미치는 영향은 무시하기 힘들어요. 그렇다고 해도 질병이나 비만, 재능, 지능, 성격 등이 유전자의 영향만 받는 것은 아니에요. 정도의 차이는 있지만 환경의 영향도 받아요. 유전자 검사 결과에 너무 기뻐하거나 슬퍼할 이유도 없고 확대해서 해석할 이유는 더더욱 없다는 말이에요.

# 19 유전자가 나의 미래를 보여 줄까요?

유전자와 조리법은 비슷한 데가 있어요. 학교에서 빵 만들기 대회를 연다고 해 볼게요. 밀가루, 우유 등의 재료는 학교가 제공하고 여러분은 무료로 참가만 하는 거예요. 조건은 딱 하나. 학교가 제시한 조리법에 따라 빵을 만들어야 해요.

대회가 열린 날, 여러분은 친구들과 함께 열심히 재료를 섞고 밀가루를 반죽하고 빵을 구웠어요. 여기서 질문. 여러분이 만든 빵의 맛이 친구들이 만든 것과 같을까요? 아마 다를 거예요. 이유는 밀가루와 물, 이스트, 소금, 버터, 우유 등 재료도 같고 조리법도 같지만, 이 재료들을 섞는 순서는 사람마다 다를 수 있어요. 반죽을 하는 손의 힘도 저마다 달라요. 빵은 같은 사람이 같은 재료로 만들어도 여름에 구운 빵과 겨울에 구운 빵의 맛이 달라요. 빵을 만드는 조리법이 같다고 해도 같은 빵이 만들어지는 게 아니라는 거예요.

유전자도 그래요. 유전자가 같아도 그 결과는 다를 수 있어요. 유전자가 완전히 똑같은 일란성 쌍둥이를 예로 들어 볼게요. 어릴 적에 헤어져 각각 한국과 미국에서 자란 일란성 쌍둥이가 있었어요. 수십 년 뒤에 쌍둥이는 서로 만나게 되었는데 그때 과학자들이 조사를 했어요. 조사 결과 쌍둥이의 자존감이나 성격, 정신 건강은 거의 같았지만 지능지수의 차이가 컸고 가치관도 크게 다르다고 나왔어요. 수십 년 동안 서로 다른 환경에서 살면서 지능과 가치관에 차이가 생긴 거예요. 유전자가 똑같은 쌍둥이라고 해도 미래는 다를 수 있다는 거예요.

유전자는 우리의 몸과 마음을 만드는 설계도이지만 미래를 보여 주지는 않아요. 예를 들어 유전자는 근육을 만들지만 그 근육으로 우리가 컴퓨터 자판을 두드리는 인공지능 개발자가 될지 방아쇠를 당기는 사격 선수가 될지 알지 못해요. 미래는 모르는 거예요. 더욱이 비만이나 암, 당뇨 등의 질병은 유전자만큼이나 환경의 영향을 많이 받아요. 지능지수도 그래요. 공부에 필요한 능력을 하나만 꼽으라면 지능보다 노력이 아닐까요. 유전자만으로 모든 것이 결정되는 것은 아니에요. 어떻게 노력하느냐에 따라 우리의 미래는 바뀔 수 있어요. 미래는 우리가 하기 나름이에요.

# 20 유전체 지도가 보물 지도라고요?

유전체란 한 생물이 지닌 모든 유전 정보를 말해요. 유전체에는 생명체가 태어나 살아가는 데 필요한 정보가 들어 있어요. 각각의 유전 정보가 책이라면 유전체는 도서관이라고 할 수 있어요.

유전체 지도는 유전 정보를 쭉 펼쳐 놓은 지도예요. 마을 지도에 학교, 집, 가게, 놀이터, 빵집, 책방, 공터 등의 위치 정보가 있는 것처럼 유전체 지도에는 생명체의 유전 정보가 담겨 있어요. 그런데 유전체 지도는 단순한 지도가 아니에요. 각각의 유전자가 어디에 있는지 위치는 물론이고 유전자가 어떻게 구성되어 있는지도 알려 줘요. 마치 도서관 정보 서비스를 이용하면 내가 찾는 책이 어디에 있는지, 그 안에 무슨 내용이 있는지 알 수 있는 것처럼 말이에요.

사람의 유전체 지도는 인간 유전체 프로젝트에서 처음 만들었어요. 전 세계 과학자들로 구성된 공동 연구팀이 1990년부터 13년 동안 유전체의 92퍼센트를 분석했어요. 나머지 8퍼센트는 2022년에 미국 국립 게놈 연구소가 채워 넣었어요. 2023년에는 다양한 인종과 민족이 지닌 유전체 정보를 보태 표준이 되는 유전체 지도를 만들었어요.

　인간 유전체 프로젝트의 성과 중 하나는 피부색과 상관없이 사람들의 유전체가 거의 같다는 걸 밝힌 거예요. 우리 모두가 같은 조상을 둔 후손이라는 것이 다시 한번 확인되었어요. 물론 사람마다 유전체는 조금씩 다를 수 있어요. 이런 사실을 이용해 표준 유전체 지도와 일치하지 않는 부분에서 질병을 찾아낼 수 있어요. 또 설계도를 보면서 기계를 고치듯이 유전체 지도를 이용해 질병을 치료하고 새로운 약도 만들 수 있어요. 이제 의료와 제약 분야에서 유전체 지도는 보물 지도로 떠오르고 있어요.

　하지만 유전체는 유전 정보를 담고 있어요. 조심히 다루지 않으면 미래 사회를 혼란에 빠뜨릴 수 있어요. 큰 힘에는 큰 책임이 따른다는 말이 있어요. 유전체가 지닌 힘은 결코 작지 않아요. 유전체 지도를 어떻게 연구하고 어떤 방향으로 사용할지 지금부터라도 깊이 고민해야 해요.

# 6

## 유전자를
## 조작해도 되나요?

# 21 유전자 가위가 뭐예요?

1926년 미국의 생물학자 허먼 멀러는 방사선으로 돌연변이를 만드는 실험을 하고 있었어요. 멀러는 수컷 초파리에 X선(방사선)을 쪼인 뒤 암컷 초파리와 교배시켰어요. 얼마 후 유리병에 애벌레가 생기더니 돌연변이 초파리가 나왔어요. 멀러가 방사선을 더 세게 쪼이자 더 많은 돌연변이가 생겼어요. 방사선이 돌연변이를 일으킨다는 사실을 밝혀낸 멀러는 1946년 노벨상을 받았어요.

멀러의 실험에서 방사선에 의해 변형된 것은 DNA였어요. DNA는 가느다란 실처럼 생긴 화학 물질이에요. DNA는 가운데가 뚝 끊어지거나 실밥처럼 떨어져 나가고 서로 섞이기도 해요. 이러한 DNA의 변화는 자연적으로 생기기도 하지만 방사선 등을 이용해 인위적으로 만들 수도 있어요. 방사선은 넓게 퍼지는 성질이 있어요. 그래서 방사선을 쪼였을 때 DNA의 어떤 부분에 돌연변이가 생기는지 예상할 수 없어요. 방사선을 이용해 원하는 결과를 내는 것은 총알 수백 발을 쏴서 얼음 조각상을 만드는 것만큼이나 어려운 일이에요.

방사선과는 달리 유전자 가위는 상당히 정확하게 유전자를 조작

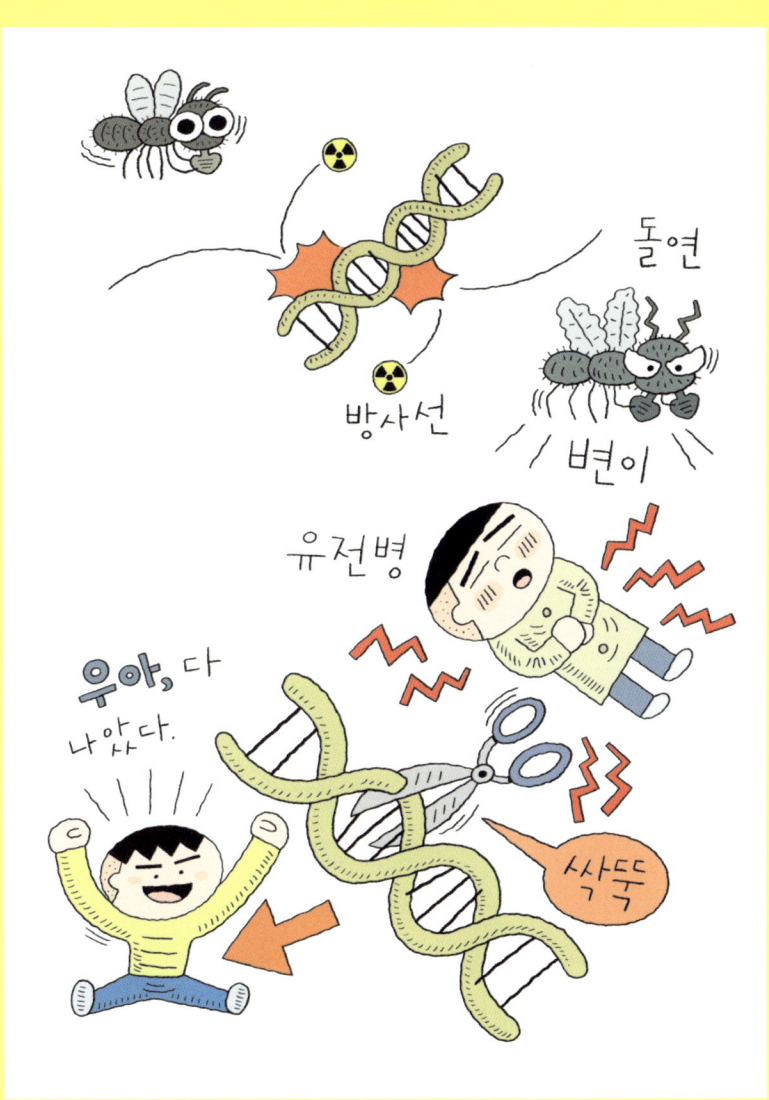

할 수 있어요. 유전자 가위는 말 그대로 유전자를 자르고 붙이는 도구예요. 실이나 끈을 잘라 내고 그 자리에 다른 실을 이어 붙이는 것처럼 DNA의 특정 부위를 편집할 수 있어요. 유전자 가위에는 목적지를 찾아 날아가는 드론처럼 DNA의 특정 지점을 찾아내는 유전자 코드와 DNA를 잘라 내는 단백질이 붙어 있어요. 유전자 가위는 DNA를 잘라 내 불필요한 부분을 떼어 내고 그 자리에 원하는 DNA 조각을 끼워 넣을 수 있어요. 유전자 가위를 이용하면 식물과 동물의 유전자를 조작해 새로운 식품을 만들 수 있어요. 이것을 유전자 변형 생물체(GMO)라고 해요. 또 암이나 유전병을 진단하거나 치료하고 새로운 약품을 개발할 수 있어요.

유전자 가위는 유전자를 직접 다루기 때문에 안전해야 해요. 그런데 유전자 가위의 정확도는 99퍼센트라고 해요. 이를 뒤집으면 1퍼센트의 확률로 멀쩡한 유전자를 망가뜨리고 예상보다 많은 유전자를 잘라 낸다는 뜻도 돼요. 심지어 DNA 전체를 불안하게 만들어 암을 일으킬 수 있어요.

유전자 가위의 쓸모는 점점 많아지고 있지만 아직 위험한 도구예요. 옛말에 돌다리도 두들겨 보고 건너라고 했어요. 유전자 가위가 안전한지 잘 두들겨 보지 않으면 호미로 막을 것을 가래로 막는 사태가 벌어질 수 있다는 말이에요.

## 22 유전자 가위로 모기를 박멸한다고요?

'학을 떼다'라는 말을 들어 본 적 있나요? 힘든 상황에서 벗어나느라 매우 고생했을 때 쓰는 표현인데, 여기서 '학'은 말라리아를 뜻해요. 말라리아는 모기가 옮기는 감염병이에요. 말라리아에 걸리면 몸이 불덩이가 되었다가 식었다가를 반복하는데 그 과정에서 목숨을 잃을 수도 있어요. 세계보건기구(WHO)에 따르면 해마다 말라리아에 희생되는 사람이 40만 명을 넘는다고 해요.

말라리아는 치료약과 백신으로 어느 정도 다스릴 수 있어요. 하지만 아프리카의 가난한 사람들은 비싼 치료약과 백신을 구할 수 없어요. 살충제를 묻힌 모기장을 지원받아 모기를 막는 것이 이들의 유일한 대책이에요. 그러나 이건 언 발에 오줌 누기예요. 모기는 밤낮을 가리지 않고 무는데 모기장은 쉽게 찢어져요. 최근에는 살충제에 적응한 모기가 늘어나고 있어요. 좀 더 근본적인 해결책이 필요한 상황이에요.

이때 해결사로 떠오른 것이 유전자 변형 모기예요. 모기의 유전자에서 임신과 관련된 부분을 유전자 가위로 조작해 그 기능을 망가

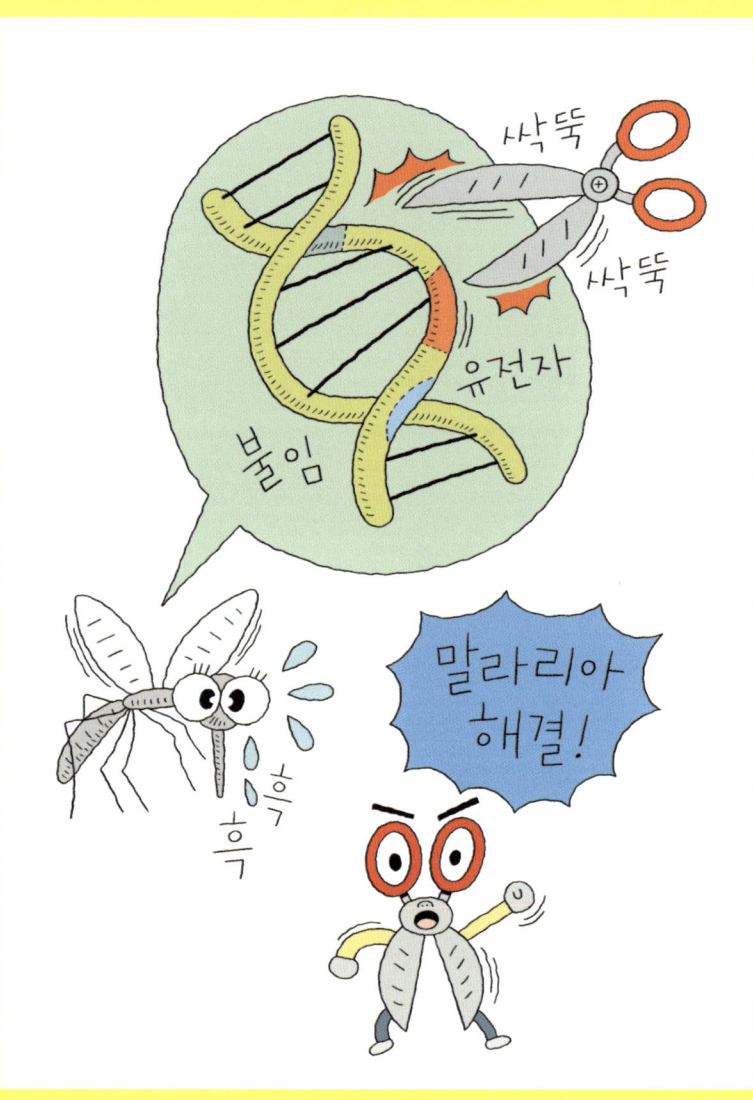

뜨린 모기예요. 여기서 변형된 부분을 불임 유전자라고 하는데 불임 유전자가 모기 집단에 퍼지면 스스로 전멸하게 돼요. 지금까지 생명공학 기업들이 생태계에 풀어 놓은 유전자 변형 모기는 10억 마리가 넘는다고 해요.

    유전자 변형 모기를 이용하면 모기를 없앨 수 있어요. 모기를 박멸하면 말라리아로부터 많은 사람들을 구할 수 있어요. 문제는 생태계가 받을 영향이에요. 유전자 변형 모기를 계속 퍼뜨리면 어느 순간 자연 생태계가 충격을 받게 돼요. 인간을 포함한 모든 생명은 다른 생명과 먹고 먹히는 관계를 맺으며 살아가고 있어요. 모기는 애벌레인 장구벌레부터 어른 모기까지 잠자리와 물방개, 박쥐, 새 등의 먹이예요. 모기가 사라지면 지금은 멀쩡해 보일지 몰라도 그 피해는 퍼지고 퍼져 우리에게까지 돌아와요. 더군다나 불임 유전자는 자연 생태계로 흘러 들어가 다른 생물을 멸종시킬 수도 있어요. 미래 생태계가 위험에 빠질 수 있다는 말이에요.

    유전자 가위로 모기를 박멸하지 않고 말라리아를 해결할 방법을 찾아야 해요. 모기가 알을 낳는 웅덩이를 없애고 숲의 파괴를 막아 모기가 사람들과 만날 가능성을 줄여야 해요. 당장은 모기장에 대한 지원을 늘려야 하지만 좀 더 싸고 좋은 치료약과 백신을 만들어 나눠 주는 데에도 힘을 모아야 해요. 인간이 다른 생명을 박멸하고 생태계에 영향을 주는 것이 옳은지에 대해서도 고민해야 해요.

## 23 유전자를 짜깁기해서 아기를 만든다고요?

2018년 중국의 과학자 허젠쿠이는 유전자 가위를 이용해 에이즈에 걸리지 않는 쌍둥이 아기를 탄생시켰다고 발표했어요. 에이즈는 인간 면역 결핍 바이러스(HIV) 때문에 생기는 병이에요. 에이즈에 걸리면 우리 몸의 면역 기능이 망가지기 때문에 가벼운 감기에도 목숨을 잃을 수 있어요. 세계보건기구에 따르면 2022년 한 해 동안 130만 명이 감염되고 63만 명이 사망했다고 해요.

허젠쿠이의 발표로 과학계는 발칵 뒤집혔어요. 허젠쿠이가 손을 댄 세포가 수정란이었기 때문이에요. 수정란은 엄마의 난자와 아빠의 정자가 만나서 생긴 세포예요. 엄마의 배 속에서 수정란이 자라면 아기가 돼요. 수정란은 아기의 뇌와 심장, 간, 신장, 근육, 눈, 코, 귀, 피부 등 우리 몸의 모든 부분을 만들어 낼 수 있어요.

유전자 가위를 이용하면 수정란의 유전자를 편집할 수 있어요. 글자를 넣고 빼고 짜깁기해서 하나의 완성된 글을 만드는 것처럼 수정란의 유전자를 편집해서 부모가 원하는 모습으로 아기를 만들어 낼 수 있어요. 허젠쿠이가 유전자 가위를 이용해 에이즈에 걸리지 않는 아기를 만든 것처럼 파란 눈과 금색 머리카락을 가진 아기를 만들 수 있다는 말이에요. 더 나아가 높은 지능과 큰 키를 갖게 하는 것도 불가능하지 않아요.

그러나 유전자 가위는 100퍼센트 안전한 도구가 아니에요. 만약 수정란의 유전자를 조작하고 짜깁기하다가 실패하면 어떻게 될까요? 아기는 수정란에서 시작해요. 수정란을 살짝만 건드려도 아기의 인생은 순식간에 바뀔 수 있어요. 인간의 수정란은 실험용 요리 재료가 아니에요. 인간의 수정란에 손을 대는 것은 누군가의 인생을 건드리는 거예요.

허젠쿠이가 만들어 낸 쌍둥이는 살아가는 내내 유전자 검사를 받아야 해요. 유전자에 이상은 없는지 다음 세대에게 유전될 가능성이 있는지 확인해야 하기 때문이에요. 최초의 유전자 편집 인간으로 살아가는 것은 쉽지 않아요. 아이들을 향한 보호와 관심은 어느 날 감시로 느껴질 수 있어요. 이미 엎질러진 물이지만 쌍둥이가 정상적으로 살아갈 수 있기를 바랄 뿐이에요.

## 24 유전자 가위를 어떻게 써야 하나요?

2020년 유전자 가위 기술은 노벨상을 받았어요. 수십 년 전 처음 모습을 드러낸 유전자 가위는 단순히 유전자를 자르기만 했어요. 그런데 최근에 나온 유전자 가위는 DNA를 자르지 않고도 지정한 부분만 콕 짚어 고치는 수준에 이르렀어요. 이제 유전자 가위는 유전자를 조작하고 변형하는 것을 넘어 원하는 모양으로 편집하고 교정하는 쪽으로 발전하고 있어요.

유전자 가위를 이용하면 많은 것을 할 수 있어요. 예를 들어 곰팡이병에 잘 안 걸리는 벼 품종을 개발할 수 있어요. 당도가 높은 토마토나 카페인이 없는 커피나무를 만들 수 있어요. 매머드처럼 멸종된 동물을 되살릴 수 있어요. 그와 반대로 감염병을 옮기는 모기를 박멸하고 멸종시킬 수도 있어요. 유전자 가위를 의학에 활용하면 암세포를 찾아낼 수 있고 암 치료도 할 수 있어요. 또 겸상 적혈구병이나 척수성 근위축증과 같은 난치병, 희귀병을 막는 유전자 치료제를 만들 수 있어요.

그러나 유전자 가위는 조심스럽게 써야 해요. 특히 사람이 먹는

식물이나 동물의 유전자는 되도록 건드리지 말아야 해요. 유전자가 변형되거나 교정된 식품은 안전한 먹거리인지 꼼꼼하게 검사해야 해요. 멸종된 매머드를 되살린다고 해도 새끼가 매머드로 살아가는 법을 가르쳐 줄 어미가 없어요. 결국 새끼 매머드가 갈 곳은 동물원밖에 없어요. 모기를 박멸하고 멸종시키면 많은 사람의 목숨을 구할 수 있겠지만 생태계는 충격을 받고 더 안 좋은 결과를 불러올 수 있어요. 의학적으로 이용할 때에도 조심해야 해요.

유전자 가위는 완벽하지 않아요. 자칫 멀쩡한 유전자를 잘라 낼 수 있어요. 유전자 치료제는 난치병과 희귀병의 유일한 희망으로 알려져 있는데 임상 시험하는 과정에서 환자가 목숨을 잃은 적도 있어요. 비싼 가격도 문제예요. 한 번 치료하는 데에 수십억 원이 들어요. 돈이 있어 치료를 받을 수 있는 사람과 돈이 없어 치료를 받지 못하는 사람으로 나뉠 수밖에 없어요.

유전자는 생명의 정보를 담고 있어요. 유전자가 변형되면 돌이키기 힘들어요. 유전자는 실험 재료이기 전에 생명의 재료라는 사실을 잊으면 안 돼요. 우리는 연구를 통해 유전자 가위를 더 많이 알게 되겠지만 그렇다고 우리가 더 지혜로워지는 것은 아니에요. 유전자 가위를 아는 만큼 우리는 힘을 갖게 되겠지만 그 힘을 올바르게 이용하는 것은 전혀 다른 문제예요.

유전자 가위를 이용해 인간을 포함한 모든 생명체가 살기 좋은 세상을 만들 수도 있고, 이기적인 개인이나 기업들만 활동하기 좋은 세상을 만들 수도 있어요. 새로운 기술을 지혜롭게 쓰는 방법을 깊이 생각해 봐야 해요.

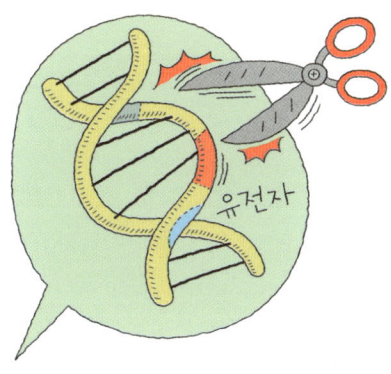

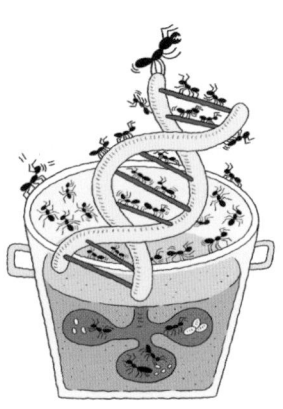